받침 탐험대

마트에 다녀와요

이다원 지음

재단법인 파라다이스 복지재단은 기업이윤의 사회 환원을 통해 더불어 살아가는 사회를 구현하고 미래를 창조하기 위해 1994년 설립되었습니다.

장애인을 비롯한 소외계층의 어려움을 함께 나누고 보다 풍요로운 미래를 디자인 하겠다는 한결같은 열정으로 교육, 치료, 문화, 예술 등 다양한 영역의 복지사업을 수행하고 있습니다.

www.isorimall.com

아이소리몰은 양질의 진단평가도구 및 교재교구 개발 및 보급하기 위해 파라다이스 복지재단의 수익사업으로 2002년 시작되었습니다.

아이소리몰의 판매 수익금은 특수교육, 장애인 인식개선사업, 현장지원사업 등 파라다이스 복지재단의 다양한 사회복지사업에 수익금 전액이 환원되어 장애인 복지증진에 재사용 되고 있습니다.

 https://pf.kakao.com/ _LnxlzK

 isorimall_official

 https://blog.naver.com/ paradisewelfare3296

받침
탐험대

우리는 자신에게 필요한 정보를 얻고 전달하기 위해 읽기·쓰기 능력을 사용합니다.

이러한 읽기·쓰기 능력은 교과목 학업성취에도 필수적입니다.

읽기·쓰기에 어려움을 보이는 아동은 전반적인 학업성취에 어려움을 겪습니다.

임상에서 읽기·쓰기 수업을 할 때 느낀 가장 큰 걸림돌은 아동의 좌절입니다.

읽거나 쓸 수 있는 받침은 한두 개뿐인데 책이나 학습자료에는 너무나도 많은 받침이 쏟아져 나옵니다.

아이들은 읽고 쓰는 것에 점점 흥미를 잃어버리는 모습을 보며 마음이 아팠습니다.

'받침 탐험대' 시리즈는 받침을 처음 배우기 시작한 아이들도 동화책 한 권을 스스로 읽는 재미를

느끼게 하고 싶어서 개발하였습니다. 한 개의 받침만 알아도 이야기를 읽고 쓰며

자신만의 동화책을 만드는 경험을 할 수 있습니다.

'받침 탐험대' 시리즈는 읽기·쓰기 발달과정을 고려하여 동화책과 워크북을 구성하였습니다.

아이들은 교재 속 음가 학습, 음소 인지, 음소 생략·첨가, 읽기 유창성, 덩이글 이해력 증진(짧은 독해),

따라 쓰기, 받아쓰기 활동을 통해 자기주도적인 읽기·쓰기를 경험할 수 있습니다.

스스로 무엇인가를 한다는 것은 아주 뜻깊은 일입니다. 아이가 스스로 세상에 내뱉은 첫 낱말,

스스로 내디딘 첫 걸음은 매우 뜻깊고 기쁜 순간입니다.

본 교재를 통해 아이들이 스스로 책을 읽고 쓰는 기쁨을 접하길 바랍니다.

저자_이다원

• 한림대학교 언어병리학 전공, 청각학 부전공
• 이화여자대학교 언어병리학 석사 / 1급 언어재활사

+
https://www.instagram.com/slp_dw/
https://blog.naver.com/slp_dw

2024. 04

이 다 원

구성 및 지도방법

1. 음운 인식

1-1) 음소인지

- 단어 속에서 받침을 인지하고 있는지 확인합니다.
- 인지에 어려움을 보이는 경우 받침 부분만 길게 소리 내어 들려줍니다.
- 소리로만 인지하는 것이 어렵다면, 목표 받침이 포함되는 음절을 찾아 표시하도록 지도합니다.

1-2) 음소첨가

- 목표 받침을 단어 속에서 첨가할 수 있는지 확인합니다.

1-3) 음소생략

- 목표 받침을 단어 속에서 생략할 수 있는지 확인합니다.

1-4) 복습하기

- 목표 받침을 단어 속에서 첨가 또는 생략할 수 있는지 확인합니다.

2. 읽기

2-1) 단어 고르기

- 동화 속 목표 받침이 포함된 단어와, 이상한 단어를 함께 읽도록 지도합니다.
- 이상한 단어(무의미 단어)를 정확하게 읽는지 확인합니다.
- 아동이 스스로 정확하게 적힌 낱말을 고를 수 있게 지도합니다.

2-2) 유창하게 읽기

- 반복적으로 읽으며 시간을 재도록 합니다.
- 단어 사이를 끊어 읽는 등의 오류를 보이면 빗금(/) 표시를 해주어 유창하게 읽도록 지도합니다.

2-3) 짧은 독해

- 덩이글 이해를 통해 단순히 소리 내어 읽는 것을 넘어 글의 의미를 이해하고 있는지 확인합니다.
- 문제에는 목표 받침 이외의 받침도 포함되어 있기 때문에, 지도하실 때 문제를 읽어주시면 좋습니다.

3. 쓰기

- 목표 글자를 반복적으로 쓰고 읽도록 지도합니다.
- 빈칸 채우기나 받아쓰기의 경우 지도자가 동화책을 읽어주고
  아이가 따라 쓰도록 합니다.

4. 쉬어가기

- 총 5개의 쉬어가기 페이지가 있습니다. 목표 받침을 심화 학습하거나,
  동화와 관련 있는 활동으로 구성되어 있습니다.
- 각각의 쉬어가기 페이지에서 얻은 단서로 '전설의 한글약'을 만드는
  재료를 얻을 수 있습니다.

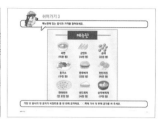

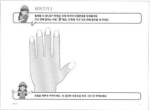

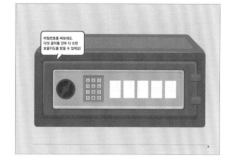

받침 탐험대

마트에 다녀와요

안녕? 반가워!

받침탐험대에 온 것을 환영해!

보물 지도 속 재료를 모두 모으면

'전설의 한글 약'을 만들 수 있어.

'전설의 한글 약'을 먹으면 어떤 글자를 만나더라도

전부 읽고 쓸 수 있게 된대!

그럼 우리 함께 재료를 찾으러 떠나볼까?

워크북 속 쉬어가기 페이지를 완성한 뒤 99쪽에 있는 금고에 비밀번호를 쓰게 해주세요.
비밀번호가 완성되면 '마트에 다녀와요' 동화책 59쪽에 있는 조각을 학생에게 제공해 주세요.

목차

받침 ㄴ

1 음운 인식

1-1 음소인지(1음절)

그림을 보고 단어를 소리 내서 말해본 뒤 받침[ㄴ]이 있으면 O표시, 없으면 X표시를 해보세요.

 TIPS!

1. 학생이 목표 단어와 다르게 말하는 경우 교정해주세요.(예. 동그라미 → 원)

2. 목표 단어는 '마트에 다녀와요' 동화책 10쪽을 참고하세요.

1-1 음소인지(1음절)

앞에서 찾은 받침[ㄴ]이 들어가는 단어를 써보세요.

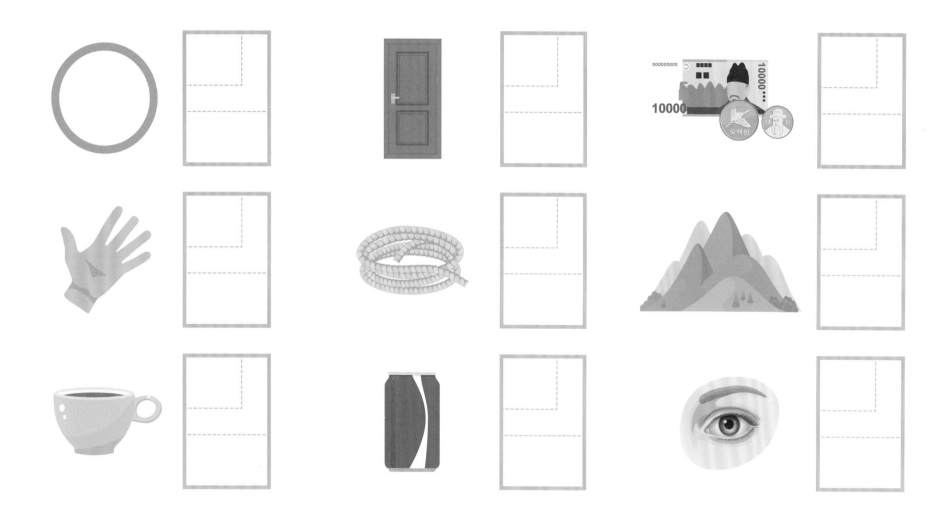

1-1 음소인지(2음절)

그림을 보고 단어를 소리 내서 말해본 뒤 받침[ㄴ]이 있으면 O표시, 없으면 X표시를 해보세요.

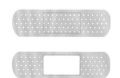

1-1 음소인지(2음절)

앞에서 찾은 받침[ㄴ]이 들어가는 단어를 써보세요.

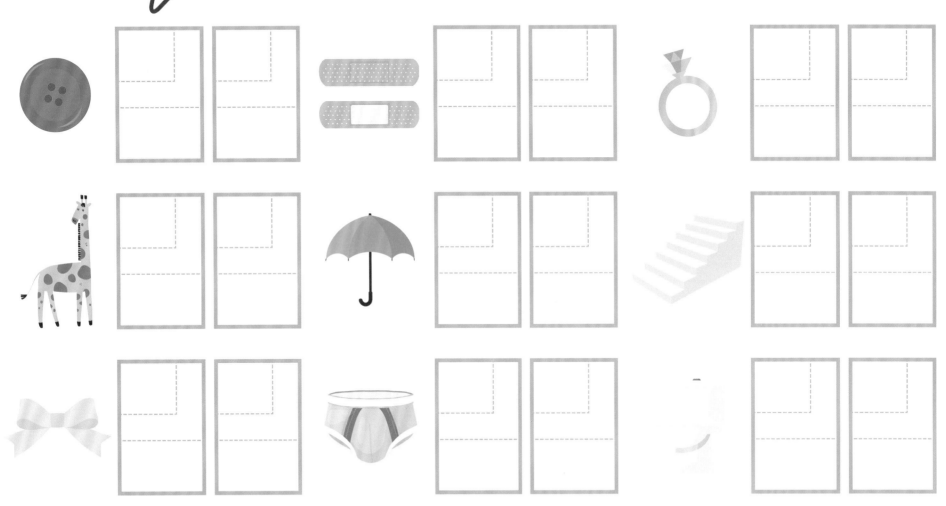

음운 인식

1-2 음소첨가

그림을 보고 받침[ㄴ] 소리를 더하면 어떤 소리가 되는지 찾아보세요.

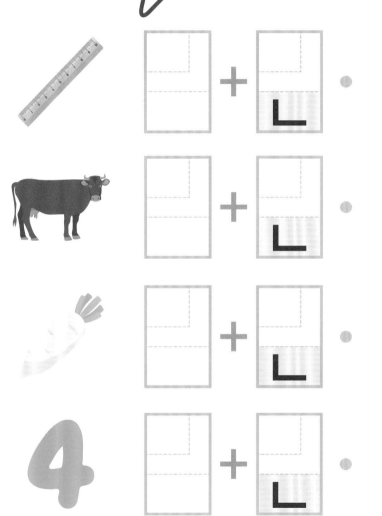

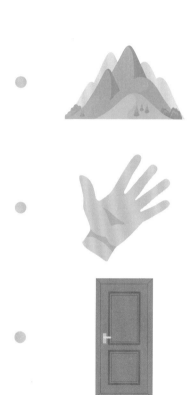

1-3 음소생략

그림을 보고 받침[ㄴ] 소리를 빼면 어떤 소리가 되는지 찾아보세요.

1-4 복습하기

낱말을 듣고 받침[ㄴ] 소리를 더하거나 빼면 어떤 소리가 되는지 말해보세요.

구분	들려주는 문항	정답	학생 반응
1	'바'에다가 /은/소리를 더하면?	반	
2	'도'에다가 /은/소리를 더하면?	돈	
3	'시'에다가 /은/소리를 더하면?	신	
4	'가'에다가 /은/소리를 더하면?	간	
5	'노'에다가 /은/소리를 더하면?	논	
6	'콘'에서 /은/소리를 빼면?	코	
7	'핀'에서 /은/소리를 빼면?	피	
8	'반지'에서 /은/소리를 빼면?	바지	
9	'인사'에서 /은/소리를 빼면?	이사	
10	'소년'에서 /은/소리를 빼면?	소녀	

TIPS! 학생은 교재를 보지 않은 채 지도자가 문항을 읽어주세요. 학생이 답을 쓰는 경우, 문제를 다 푼 뒤 답을 직접 확인하게 해주세요.

쉬어가기 1

문구 코너에 있는 물건 중 받침[ㄴ]이 들어가는 것을 찾아 동그라미 해보세요.

문구 코너

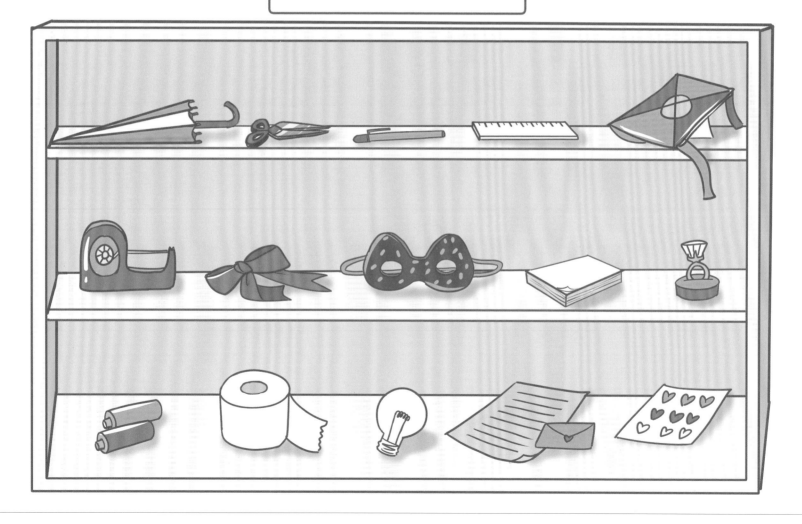

빈칸에 찾은 물건을 써 보세요.

9개 모두 찾아 썼나요? 그렇다면 보물지도를 찾을 수 있는 비밀번호 두 번째 글자를 알려줄게요.
두 번째 글자는 바로 '쿤'에요. 99쪽에 가서 두 번째 글자를 써 주세요.

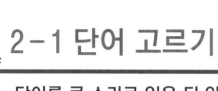
단어를 큰 소리로 읽은 뒤 알맞은 단어를 고르세요.

란며
라면

키친
치킨

온만원
오만원

계라
계란

핸드폰
핸든폰

전다지
전단지

만두
마둔

가판
간판

현관문
현과문

2-2 유창하게 읽기

동화를 정확하고 빠르게 읽어 보세요.

연수가 현관문에서 가져온 마트 전단지 봐요.

"아빠 우리 마트 가요"

"미안, 아빠 바쁜데 언니와 다녀와"

아빠가 연수에게 오만 원 줘요.

"우와 완전 신난다! 언니 우리 마트 가자"

연수가 언니에게 마트 가자고 해요.

"마트는 어디로 가야 하지?"

"핸드폰으로 지도 보면서 가자"

연수와 언니가 핸드폰으로 지도 보면서 마트에 가요.

"저 간판 보여?" "건너가면 되네"

드디어 마트 간판이 보여요.

"뭐부터 사지?" "라면 어때?"

먼저 라면부터 사기로 해요.

"나는 순한 라면" "나는 오래간만에 매운 라면"

언니는 매운 라면 사고 연수는 순한 라면 사요.

"반찬거리도 사야 해"

"계란 사자"

연수가 계란이 안 보여서 두리번 두리번거려요.

"계란이 안 보여요 어디로 가야 하나요?"

"왼편으로 가다 보면 신선 코너가 나와요. 거기서 판매해요"

신선 코너에서 계란도 사고 연근, 순무도 사요.

"만두 드셔보세요"

"연수야 만두 어때?" "고기만두로 사자"

"새로 나온 치킨 드세요. 전자레인지에 데우면 돼서 간편해요"

"우리 치킨도 사가자"

"뼈가 튼튼해지는 치즈도 드시고 가세요"

"언니 우리 치즈도 사자"

연수와 언니가 고기만두, 치킨, 치즈 사요.

"언니 우리 문구 코너도 가보면 안 돼?"

"그래. 대신 한 개만 사야 해"

연수와 언니가 문구 코너로 가요,

"두 개 사면 안 돼?"

"더 사는 건 곤란해"

연수가 펜만 사고 편지지는 내려놔요.

"이제 진짜 그만 사야 돼. 우리 가진 돈이 오만 원뿐이야"

"그래 이제 계산하러 가자"

연수와 언니가 그만 사고 계산대로 가요.

"계산해 주세요"

"전부 다 해서 사만 구천 원이에요"

사만 구천원이 나와서 언니가 오만 원 내고

마트 주인이 언니한테 천 원 줘요.

"아빠 마트에서 사 온 거 보세요"

"이야~ 우리 연수 대단한데?"

아빠는 마트에 다녀온 연수가 대견해요.

마트 다녀오기 완전 간단하죠?

	1차		2차		3차		4차		5차	
	월	일	월	일	월	일	월	일	월	일
(총 592음절)		초		초		초		초		초

💡 TIPS!
1. 유창하게 읽는것에 어려움을 보이는 학생에게는 끊어 읽을 수 있도록 빗금(/)표시를 해주세요.
2. 제공되는 녹음파일을 활용해보세요.

2-3 짧은 독해

동화의 일부분을 소리 내어 읽은 뒤 문제를 풀어 보세요. 문제를 다 풀면 비밀번호 중 하나를 알려줄게요.

연수가 현관문에서 가져온 마트 전단지 봐요.

"아빠 우리 마트 가요"

"미안, 아빠 바쁜데 언니와 다녀와"

아빠가 연수에게 오만 원 줘요.

1. 연수가 현관문에서 무엇을 가져왔나요?

① 오만 원   ② 택배   ③ 건전지   ④ 전단지

2. 아빠가 연수에게 얼마를 주셨나요?

① 오천 원   ② 만 원   ③ 오만 원   ④ 만 오천 원

🔵 TIPS! 문제 읽는 것을 어려워하는 학생의 경우 지도자가 읽어주세요.

"우와 완전 신난다! 언니 우리 마트 가자"

연수가 언니에게 마트 가자고 해요.

"마트는 어디로 가야 하지?"

"핸드폰으로 지도 보면서 가자"

연수와 언니가 핸드폰으로 지도 보면서 마트에 가요.

3. 연수는 누구와 함께 마트에 갔나요?

① 아빠   ② 언니   ③ 엄마   ④ 동생

4. 연수와 언니는 무엇을 보면서 마트에 가나요?

① 전단지   ② 간판   ③ 핸드폰   ④ 편지

"저 간판 보여?"

"건너가면 되네"

드디어 마트 간판이 보여요.

"뭐부터 사지?"

"라면 어때?"

먼저 라면부터 사기로 해요.

5. 연수와 언니는 무엇을 보고 마트에 들어갔나요?

① 전단지   ② 신호등   ③ 의자   ④ 간판

6. 연수와 언니가 무엇을 사기로 했나요?

① 치킨   ② 라면   ③ 가면   ④ 만두

"나는 순한 라면"

"나는 오래간만에 매운 라면"

언니는 매운 라면 사고 연수는 순한 라면 사요.

7. 연수는 어떤 라면을 샀나요?

① 하얀 라면 　　　② 매운 라면 　　　③ 순한 라면 　　　④ 비빈 라면

8. 언니는 어떤 라면을 샀나요?

① 하얀 라면 　　　② 매운 라면 　　　③ 순한 라면 　　　④ 비빈 라면

"반찬거리도 사야 해"

"계란 사자"

연수가 계란이 안 보여서 두리번 두리번거려요.

"계란이 안 보여요. 어디로 가야 하나요?"

"왼편으로 가다 보면 신선 코너가 나와요. 거기서 판매해요"

신선 코너에서 계란도 사고 연근, 순무도 사요.

9. 계란은 어떤 코너에서 판매하나요?

① 왼편   ② 신선   ③ 냉동   ④ 채소

10. 신선 코너에서 어떤 물건을 샀나요? (정답 2개)

① 계란   ② 대파   ③ 연근   ④ 오이

"만두 드셔보세요"

"연수야 만두 어때?"

"고기만두로 사가자"

"새로 나온 치킨 드세요. 전자레인지에 데우면 돼서 간편해요"

"우리 치킨도 사가자"

11. 연수는 어떤 만두를 샀나요?

① 부추만두   ② 고기만두   ③ 새우만두   ④ 김치만두

12. 치킨을 데우려면 어떤 기계가 필요한가요?

① 전자레인지   ② 가스레인지   ③ 드라이기   ④ 다리미

"뼈가 튼튼해지는 치즈도 드시고 가세요"

"언니 우리 치즈도 사자"

연수와 언니가 고기만두, 치킨, 치즈 사요.

13. 치즈는 무엇을 튼튼하게 해주나요?

① 뼈   ② 혀   ③ 손   ④ 간

14. 연수와 언니가 어떤 물건을 샀나요? (정답 2개)

① 돼지고기   ② 휴지   ③ 고기만두   ④ 치킨

"언니 우리 문구 코너도 가보면 안 돼?"

"그래. 대신 한 개만 사야 해"

연수와 언니가 문구 코너로 가요.

15. 연수가 어디에 가고 싶다고 했나요?

① 신선 코너   ② 채소 코너   ③ 문구 코너   ④ 과자 코너

16. 언니가 연수에게 몇 개를 살 수 있다고 했나요?

① 한 개   ② 두 개   ③ 세 개   ④ 네 개

"두 개 사면 안 돼?"

"더 사는 건 곤란해"

연수가 펜만 사고 편지지는 내려놔요.

"이제 진짜 그만 사야 돼. 우리 가진 돈이 오만 원뿐이야"

"그래 이제 계산하러 가자"

연수와 언니가 그만 사고 계산대로 가요.

17. 연수는 문구 코너에서 무엇을 샀나요?

① 편지지　　　　　② 스티커　　　　　③ 건전지　　　　　④ 펜

18. 연수와 언니가 가진 돈은 얼마인가요?

① 만 원　　　　　② 천 원　　　　　③ 오천 원　　　　　④ 오만 원

"계산해 주세요"

"전부 다 해서 사만 구천 원이에요"

사만 구천 원이 나와서 언니가 오만 원 내고 마트 주인이 언니한테 천 원 줘요.

19. 계산해서 얼마가 나왔나요?

① 오만 원   ② 사만 구천 원   ③ 사만 원   ④ 오만 구천 원

20. 거스름돈으로 얼마를 받았나요?

① 만 원   ② 구천 원   ③ 천 원   ④ 오만 원

"아빠 마트에서 사 온 거 보세요"

"이야~ 우리 연수 대단한데?"

아빠는 마트에 다녀온 연수가 대견해요.

마트 다녀오기 완전 간단하죠?

21. 연수가 마트에 다녀와서 누구에게 자랑했나요?

① 언니   ② 엄마   ③ 이모   ④ 아빠

22. '대견하다'와 비슷한 단어는 무엇인가요?

① 귀엽다   ② 기특하다   ③ 창피하다   ④ 부럽다

쉬어가기 2

문제를 다 풀었나요? 대단해요! 약속대로 비밀번호 중 네번째 글자를 알려줄게요.
네번째 글자는 바로 '른'이에요. 99쪽에 가서 네번째 글자를 써 주세요.

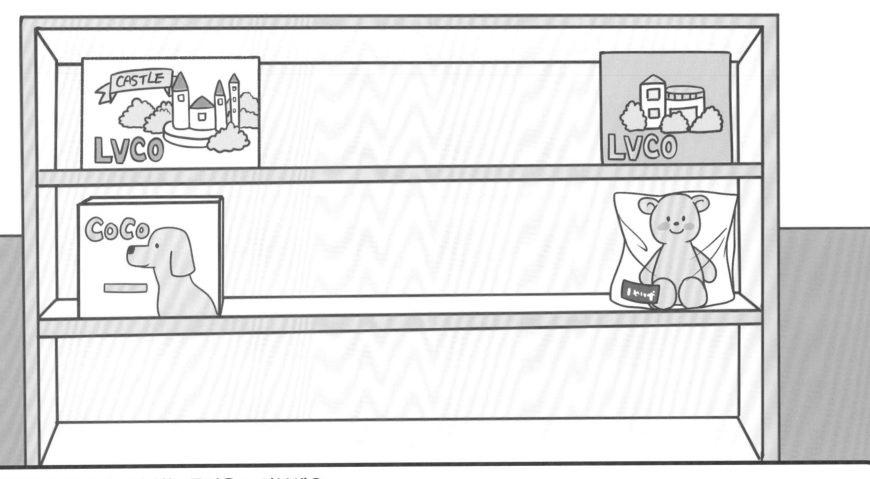

마트에서 내가 사 본 적 있는 물건을 그려보세요.

메모

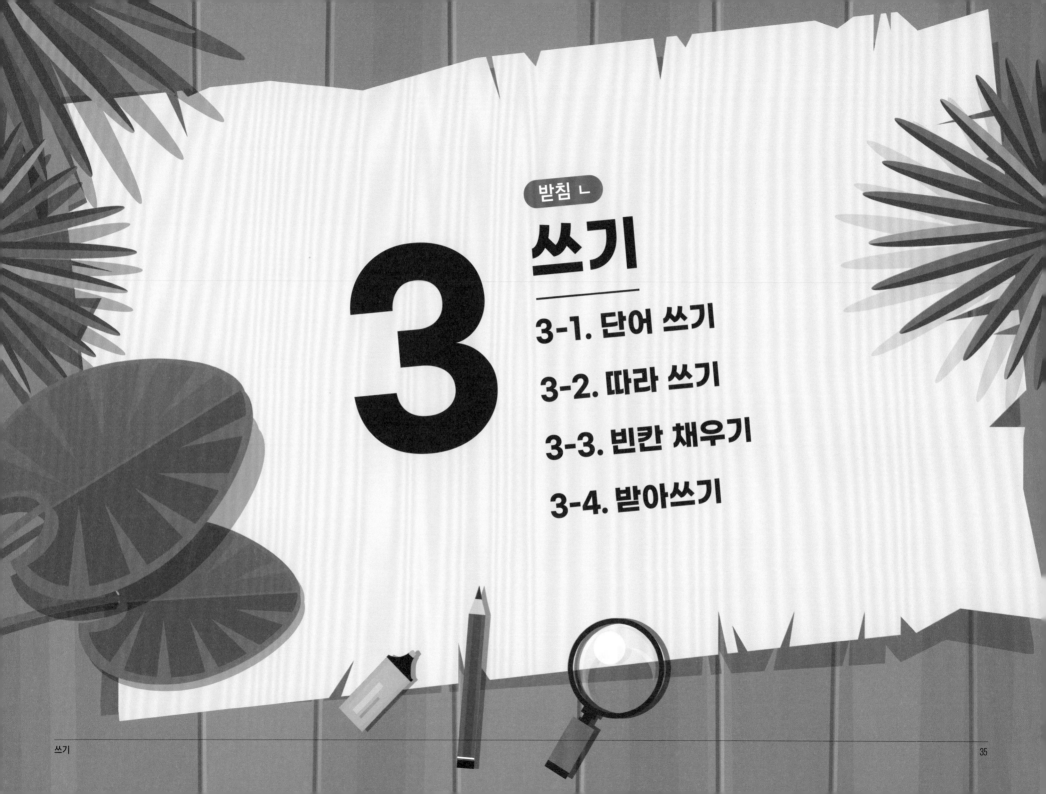

받침 ㄴ

3 쓰기

3-1 단어 쓰기

동화에 나온 단어를 써 보세요.

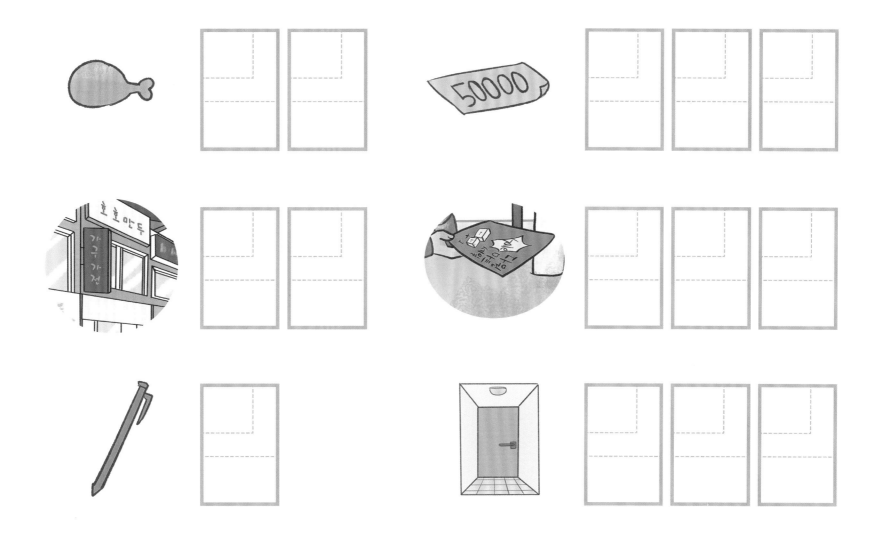

동화 내용을 따라 쓰고 읽어 보세요.

마트에 다녀와요

연수가 현관문에서 가져온 마트 전단지 봐요.

아빠 우리 마트 가요

미안, 아빠 바쁜데 언니와 다녀와

아빠가 연수에게 오만 원 줘요.

우와 완전 신난다! 언니 우리 마트 가자

연수가 언니에게 마트 가자고 해요.

마트는 어디로 가야 하지?

핸드폰으로 지도 보면서 가자

연수와 언니가 핸드폰으로 지도 보면서 마트에 가요.

뭐부터 사지?

라면 어때?

먼저 라면부터 사기로 해요.

나는 순한 라면

나는 오래간만에 매운 라면

언니는 매운 라면 사고 연수는 순한 라면 사요.

반찬거리도 사야 해

계란 사자

연수가 계란이 안 보여서 두리번 두리번거려요.

계란이 안 보여요 어디로 가야 하나요?

왼편으로 가다 보면 신선 코너가 나와요. 거기서 판매해요

신선 코너에서 계란도 사고 연근, 순무도 사요.

뼈가 튼튼해지는 치즈도 드시고 가세요

언니! 우리 치즈도 사자

연수와 언니가 고기만두, 치킨, 치즈 사요.

언니~ 우리 문구 코너도 가보면 안 돼?

그래. 대신 한 개만 사야 해

연수와 언니가 문구 코너로 가요.

두 개 사면 안 돼?

더 사는 건 곤란해

연수가 펜만 사고 편지지는 내려놔요.

이제 진짜 그만 사야 돼. 우리 가진 돈이 오만 원뿐이야

그래 이제 계산하러 가자

연수와 언니가 그만 사고 계산대로 가요.

계산해 주세요

전부 다 해서 사만 구천 원이에요

사만 구천 원이 나와서 언니가 오만 원 내고
마트 주인이 언니한테 천 원 줘요.

아빠 마트에서 사 온 거 보세요

이야~ 우리 연수 대단한데?

아빠는 마트에 다녀온 연수가 대견해요.

마트 다녀오기 완전 간단하죠?

쉬어가기 3

메뉴판에 있는 음식과 가격을 읽어보세요.

메뉴판

라면
(이천 원)

군만두
(사천 원)

순대
(오천 원)

돈가스
(구천 원)

한우버거
(오천 원)

반반치킨
(이만 원)

연어피자
(만 오천 원)

샌드위치
(사천 원)

순두부찌개
(구천 원)

가장 싼 음식의 첫 글자가 비밀번호 중 첫 번째 글자에요. 99쪽에 가서 첫 번째 글자를 써 주세요.

빈칸에 알맞은 단어를 쓰고 읽어보세요.

에 다녀와요.

연수가 ☐☐☐ 에서 가져온 마트 ☐☐☐ 봐요.

아빠 우리 마트 가요

⬜⬜, 아빠 바쁜데 ⬜⬜ 와 다녀와

아빠가 연수에게 ⬜⬜⬜ 줘요.

우와 ⬜⬜ ⬜⬜⬜! 언니 우리 마트 가자

연수가 ⬜⬜ 에게 마트 가자고 해요.

마트는 어디로 가야 하지?

□□□ 으로 지도 보면서 가자

연수와 언니가 □□□ 으로 지도 보면서 마트에 가요.

저 ☐☐ 보여?

☐☐☐☐ 되네

드디어 마트 ☐☐ 이 보여요.

뭐부터 사지?

□□ 어때?

□□ □□ 부터 사기로 해요.

나는 ⬜⬜ 라면

나는 ⬜⬜⬜⬜ 에 ⬜⬜ 라면

언니는 ⬜⬜ 라면 사고 연수는 ⬜⬜ 라면 사요.

거리도 사야 해

사자

연수가 ☐☐이 안 보여서 두리번 두리번거려요.

계란이 ☐☐ 보여요. 어디로 가야 하나요?

왼편으로 가다 보면 ☐☐ 코너가 나와요. 거기서 ☐☐ 해요

☐☐ 코너에서 계란도 사고 ☐☐ , ☐☐ 도 사요.

드셔보세요!

연수야 　　 어때?

고기 　　 로 사자

새로 나온 ☐☐ 드세요. ☐☐☐☐☐ 에

데우면 돼서 ☐☐ 해요

우리 ☐☐ 도 사자

뼈가 ☐☐ 해지는 치즈도 드시고 가세요

☐☐ 우리 치즈도 사자

연수와 언니가 고기☐☐, ☐☐, 치즈 사요.

언니 우리 　　 코너도 가보면 안 돼?

그래. 　　 한 개만 사야 해

연수와 언니가 　　 코너로 가요.

두 개 사면 ☐ 돼?

더 사는 건 ☐☐ 해

연수가 ☐ 만 사고 ☐☐☐ 는 내려놔요.

이제 [ ] [ ] 사야 돼

우리 가진 [ ] 이 오만 원뿐이야

그래 이제 [ ] [ ] 하러 가자

연수와 언니가 [ ] 사고 [ ] 로 가요.

☐☐ 해 주세요

☐☐ 다 해서 사만 구 ☐☐ 이에요

사만 구천원이 나와서 언니가 오 ☐☐ 내고

마트 주인이 언니한테 ☐☐ 줘요.

아빠 마트에서 사 온 거 보세요

이야~ 우리 연수 ⬜⬜ 한데?

아빠는 마트에 다녀온 연수가 ⬜⬜ 해요.

마트 다녀오기  하죠?

친구들의 이름을 읽어보세요.
친구들이 무슨 띠를 매고 있는지 잘 보세요.

서은수 진도연 최하진 이도준 배윤준 신서윤 윤현지 채서진 전혜연 이다원

파란 띠 ☐ 명   노란 띠 ☐ 명   흰 띠 ☐ 명

노란 띠를 맨 친구의 수가 비밀번호 중 세 번째 글자에요. 99쪽에 가서 세 번째 글자를 써 주세요.

3-4 받아쓰기

동화를 듣고 받아 쓴 뒤 소리 내어 읽어 보세요.

쉬어가기 5

동화를 다 썼나요? 멋져요! 이제 마지막 비밀번호를 알려줄게요.
다섯 번째 글자는 바로 '**손**'에요. 99쪽에 가서 다섯 번째 글자를 써 주세요.

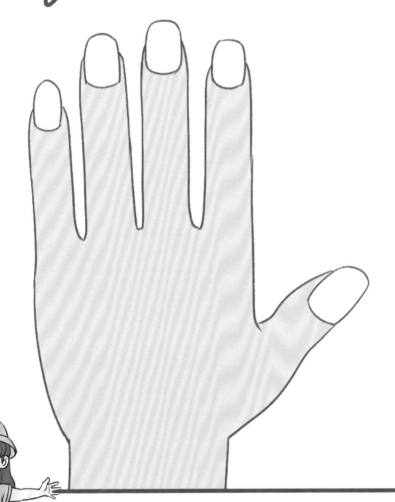

손톱을 예쁘게 꾸며주세요. 빈 공간에 오른손을 따라 그린 뒤 꾸며보세요.

메모